AF339594

L 27
n.

MÉMOIRE

MÉMOIRE

SUR LES

RELATIONS D'AFFAIRES

qui ont existé entre

M. CHAMPION ET M. HABRARD.

VALENCE

Imprimerie Jules Céas et fils.

1871

PRÉAMBULE.

M. Champion avait fait passer par M. Chirouze, huissier à Tain, à M. Habrard, une sommation d'avoir à lui payer dans la huitaine, soit en espèces, soit par une cession de créances, la somme de 8,927 francs qu'il lui doit et qui est échue depuis le 1er juin 1868.

M. Habrard, au lieu de répondre à la sommation de M. Champion en payant la somme réclamée, lui a fait remettre une assignation en conciliation, pour comparaître devant M. le juge de paix de Tain, afin de s'entendre sur le réglement définitif qu'il leur reste à faire.

Mais comme cette assignation contenait des injures et des mensonges, M. Champion, pour se justifier, s'est vu dans l'obligation de rédiger un mémoire contenant tous les faits qui se sont passés depuis la première opération qu'il a faite avec M. Habrard jusqu'à ce jour, afin que le public puisse juger par lui-même de la délicatesse des deux parties.

MÉMOIRE.

M. Champion habitait la propriété de sa famille, appelée Loulle, et située dans la commune de Beaumont-Monteux (Drôme). Tout en cultivant son patrimoine, il faisait le commerce des vins et s'occupait même, lorsque l'occasion s'en présentait, de l'achat ou de la vente de propriétés. Pendant plusieurs années, il avait acheté les vins de M.me la comtesse de Revol, et cette dame avait tant de confiance en lui qu'elle voulut absolument lui vendre toutes ses récoltes, vins, blés, fourrages et quelques hectares de coupes de bois. Le montant de cet achat formait une somme considérable, ce qui n'empêcha pas M. Champion de faire, au jour de l'échéance, honneur à tous ses engagements.

M. Habrard, qui faisait les rentrées de Mme de Revol, savait combien **M.** Champion était considéré et estimé de cette famille, par suite des affaires qu'il avait faites avec Madame la comtesse, mère et belle-mère des propriétaires actuels. Il vint un jour au domaine de Loulle pour offrir à M. Champion, de la part des héritiers Revol, les vins qu'ils avaient à vendre ; en même temps, il lui communiqua le désir que la famille Revol avait de vendre le domaine de Saint-Jemme. M. Habrard exposa à M. Champion que le chemin de fer devant traverser cette propriété, on pouvait espérer une forte indemnité, ce qui rendait l'acquisition du domaine une bonne affaire. Il ajoutait, comme preuve de ses assertions, qu'il désirait s'associer pour la moitié de l'affaire. Mais comme il n'avait pas de fonds à sa disposition et que la famille Revol demandait trente mille francs d'à-compte, il cherchait quelqu'un qui voulût faire cette acquisition. Les renseignements donnés par M. Habrard, et ses assertions que l'affaire était bonne, décidèrent M. Champion à lui fixer un jour pour visiter le domaine de Saint-Jemme. Comme ce domaine était peu éloigné de Tain et avait un sol propice à la culture de la vigne, comme on avait l'espoir d'obtenir une forte indemnité du chemin de fer, M. Champion crût que, malgré les dommages occasionnés par le Rhône, cette affaire pourrait être bonne, du plus au moins, surtout si le domaine subissait les améliorations qu'en sa qualité de propriétaire il jugeait indispensables.

M. Champion se présenta donc un jour à Voiron (Isère) chez M. le marquis d'Arce, qui représentait tous les héritiers Revol, afin de faire l'acquisition du domaine. M. d'Arce savait, d'après le témoignage de Mme la comtesse de Revol, avec quelle exactitude M. Champion tenait ses engagements; aussi cette affaire ne pouvait-elle se terminer qu'à la complète satisfaction des deux parties. L'entrée en jouissance fut fixée au 1er novembre 1853.

M. Champion, ne voulant pas quitter son commerce pour satisfaire au désir de M. Habrard, passa avec lui une convention verbale, comme associé aux profits et aux pertes qui pourraient résulter de la vente de la propriété. Bien entendu que M. Habrard n'ayant pas de fonds, M. Champion restait seul chargé du paiement, selon ses engagements avec les héritiers Revol.

Le public ne tarda pas à savoir que la propriété de Saint-Jemme allait être vendue en détail par MM. Champion et Habrard. M. Champion ne se trouvant pas sur les lieux, pria les héritiers Revol de remettre leur procuration à M. Habrard. Ils y adhérèrent, mais en exigeant de M. Champion une déclaration constatant qu'il restait responsable de la procuration remise à M. Habrard, déclaration qui fut mise en dépôt chez M. Dautheville, notaire à Tournon, chargé des affaires de la famille Revol.

Comme beaucoup de personnes de Tain ou des environs venaient trouver M. Champion à sa campagne de Loulle pour lui exprimer le désir d'acheter quelques parcelles de la propriété de Saint-Jemme, ce dernier les renvoyait à M. Habrard, chargé de la vente. Mais tous disaient qu'ils ne voulaient rien avoir à faire avec M. Habrard. M. Champion se rendit à Tain pour y prendre des informations, et apprit que M. Habrard passait pour un homme très rusé et difficile en affaires. Cette réputation éloignait les acquéreurs et mettait dans une mauvaise situation M. Champion qui avait donné à M. Habrard la procuration pour les rentrées, et n'en restait pas moins responsable des paiements à faire au vendeur.

Dans cette situation, M. Champion se vit forcé de quitter son commerce et de venir habiter Tain pour s'occuper spécialement de l'exploitation et des améliorations devant donner de la valeur à la propriété. Etant sur les lieux, la vente se faisait en même temps. Ce n'est que par les améliorations apportées par M. Champion, qui fit faire des plantations et veilla à leur culture, ainsi que par suite de l'absence de l'oïdium, dont ce canton fut préservé, que cette affaire put donner un bon résultat.

En 1855, MM. Champion et Habrard ont acheté de compte à demi un domaine situé sur la commune de Saint-Jean (Ardèche). La surveillance des travaux d'agriculture et les mesures pour activer la vente étaient confiés à M. Champion.

M. le marquis d'Arce, en 1856, a également voulu vendre à M. Champion ses deux moulins ainsi que les terres qui en dépendent, situées sur les communes de Chantemerle et de Larnage. Toutes ces propriétés ont été administrées par les soins de M. Champion.

En 1857, Mme la comtesse de Carnaset a voulu vendre aussi à M. Champion sa propriété des *Lotes*, qui lui appartenait personnellement d'après le partage des biens de la famille. Cette propriété a été comme les autres cultivée et administrée par les soins de M. Champion. Quoique ce dernier fut seul acquéreur des moulins de M. le marquis d'Arce et de la propriété de madame de Carnaset, il voulut faire participer M. Habrard aux bénéfices. Ce dernier n'était cependant chargé que de la mensuration des parcelles de terre vendues et des rentrées. Il ne pouvait s'occuper des ventes, personne ne voulant avoir affaire avec lui.

En 1857, M. Champion acheta aussi un grand domaine appelé *Juventin*, sur la commune de Toulaud

(Ardèche). Ce domaine était affermé, mais M. Champion était encore chargé de la surveillance des fermiers.

En 1858, M. Champion acheta, avec M. Habrard, une propriété située sur la commune de St-Péray (Ard.) Elle fut peu de temps après vendue par les deux associés.

En 1859, M. Habrard, ayant appris que M. Bodin, de St-Donat, avait l'intention de vendre toutes ses propriétés, alla les visiter, puis se rendit chez M. Bodin pour connaître le prix exact de ses domaines. Lorsqu'il eut dit qu'il venait de la part de M. Champion, M. Bodin parut très-satisfait ; il nomma un grand nombre de personnes qui désiraient acheter, et ajouta que pour avoir affaire à M. Champion, qu'il connaissait de réputation, il consentirait à un prix inférieur à celui auquel il s'était d'abord arrêté.

A son retour à Tain, M. Habrard fit connaître à M. Champion tous les détails de son voyage à St-Donat, et l'engagea à conclure cette affaire qu'il croyait très-bonne, attendu que M. Bodin, qui le connaissait, désirait avoir affaire avec lui. M. Champion ne voulait plus faire aucune opération. Il ne put cependant résister au désir de M. Habrard, mais il se promit bien que ce serait sa dernière affaire. Ils se rendirent donc un jour à St-Donat pour passer une convention avec la famille Bodin pour l'acquisition de leur propriété, pour en faire la revente par procuration. Comme il leur était nécessaire d'avoir un chargé d'affaires dans la localité où devaient se faire les ventes, pour aider, soit aux ventes, soit à prendre les renseignements sur la solvabilité des acquéreurs qui se présenteraient, ou même pour les représenter au besoin, ils firent une proposition à M. Bonnet, qui accepta avec plaisir d'être leur chargé d'affaires.

MM. Champion et Habrard avaient pris jouissance des propriétés de M. Bodin le 1er mars 1869. On fit aussitôt les préparatifs pour commencer les ventes. M. Champion était bien connu à St-Donat, ayant des rapports fréquents avec ce pays par suite de relations de famille. M. Bajard étant son beau-frère, et étant parent de la famille de Mme Laman, M. Champion résolut d'assister les trois premiers mois à la vente des propriétés acquises. Sa présence était si nécessaire, qu'après ces trois mois il avait vendu une grande partie de ces propriétés, ce qui surprit beaucoup de monde, vu la grande contenance qui avait été vendue dans la même localité. Comme M. Champion s'occupait de l'exploitation, de l'administration et de la vente des terres qu'il avait aux environs de Tain MM. Habrard et Bonnet s'occupèrent seuls des recettes et dépenses, ainsi que des ventes qui restaient à faire.

En 1860, les héritiers de Mme la comtesse de Revol

furent obligés, pour les intérêts d'un mineur, de faire vendre par adjudication, au tribunal de Valence, plusieurs de leurs propriétés, afin d'opérer le partage d'une manière régulière. M. Habrard aurait désiré acheter les propriétés de Crozes, des Audouards et du Corbeil, mais il avait perdu la confiance de M. Champion qui, non-seulement ne voulait rien acheter, mais qui était impatient de liquider les opérations qu'il avait faites avec lui. Cependant, ne voulant pas froisser M. Habrard, ni lui faire brusquement part de ses intentions de ne plus avoir aucun rapport avec lui, M. Champion consentit à l'accompagner à Valence le jour de la vente. Lors de la mise à prix du domaine de Crozes, M. Champion fixa un prix à M. Habrard, au-delà duquel il se retirait de tout engagement. Il en fut même pour le domaine des *Audouards*. M. Habrard, trouvant que ce domaine se donnait bon marché, voulut pousser et resta seul acquéreur. Il acquit aussi le domaine du Corbeil.

M. Champion ne voulut nullement entrer comme associé dans ces deux opérations quoiqu'il les jugeât très-bonnes.

Au retour de Valence, M. Habrard voyant qu'à ces conditions il ne pouvait décider M. Champion à rester associé avec lui, le pria d'avoir la bonté de voir M. le marquis d'Arce pour lui demander de faire accepter par **MM.** de Mons, à qui le domaine des Audouards appartenait, la somme de 10 mille fr. de plus que ce que l'adjudication portait, à la condition que ces messieurs lui donneraient des délais jusqu'à la revente de la propriété. Ces messieurs refusèrent de rien conclure avec M. Habrard, qui se vit obligé de faire un voyage à Vienne où il connaissait un géomètre qui pouvait lui trouver un associé ou un bailleur de fonds. Mais ni à Vienne, ni à Lyon, il ne put trouver personne qui se chargeât de cette opération. A son retour il fit encore des démarches à Romans et à Valence, mais sans résultat. Comme ces deux propriétés valaient 140 mille francs payables dans quelques mois, lorsque les formalités de la famille seraient terminées, M. Habrard revint supplier M. Champion, dont il connaissait le crédit, et lui demanda de le sortir de cette mauvaise position. Il savait qu'au moment de la crise de 1856, M. Champion avait obtenu par son crédit de M. Savoye, banquier à Romans, malgré les difficultés de la situation, une somme de 10 mille fr. dont il avait besoin. Il savait aussi que deux ans plus tard, à propos d'une affaire importante dont ils faillirent devenir adjudicataires au tribunal de Vienne (Isère), M. Champion était porteur d'une lettre de crédit de 70 mille fr. du même banquier, payable chez un banquier de Vienne.

Dans cette circonstance, M. Champion se vit forcé,

bien malgré lui, à cause des opérations qu'il avait à régler avec M. Habrard, d'user encore de son crédit pour cette somme de 140 mille fr., et cela, malgré tous ses engagements au sujet des propriétés qu'il avait achetées, et qui ne s'élevait pas à moins de 500 mille fr. Il dut se contenter des 10 mille fr., qui avaient été offerts à MM. de Mons, et même sans intérêt pendant huit ans, avec cette clause que si quelques sommes étaient prises chez le banquier, M. Champion supporterait sa part des frais de banque, en diminution des 10 mille fr. promis. M. Habrard, par cet arrangement, se trouva plus que satisfait et se montra fort reconnaissant pour un si bon procédé à son égard.

M. Champion, désirant liquider sa situation avec M. Habrard, avait prié M. Cluze de lui faire part de son désir de partager en deux lots les propriétés qui leur restaient à vendre, ainsi que les créances pour les sommes dues de manière à ce que chacun put disposer de son avoir. M. Habrard renvoyait toujours. Cependant, par crainte d'indisposer M. Champion, il consentit au partage, mais il voulait rester toujours associé dans les mêmes conditions. M. Cluze fit le partage en 1860. Il fit deux lots des propriétés non vendues, et on tira au sort pour que chacun pût jouir comme bon lui semblait de son lot. Ils partagèrent aussi les créances qu'ils avaient en bénéfice, et furent satisfaits des opérations qu'ils avaient faites à moitié, et surtout des benéfices réalisés à St-Jemme et qui provenaient des améliorations dans l'exploitation, amenées à bonne fin par **M.** Champion qui avait su profiter du moment favorable pour les ventes. Il est à remarquer que, sur 150 acquéreurs qu'ils avaient dans les environs de Tain, 120 sont prêts à déclarer qu'ils n'ont acheté que par suite de la réputation de M. Champion et de la confiance qu'ils avaient en lui. Dans ce nombre il s'en est trouvé une vingtaine qui, par suite de circonstances imprévues, sont devenus insolvables ; mais M. Champion, étant sur les lieux, avait prévu le cas, et, à mesure qu'un marché devenait douteux, soit par son adresse, soit par la confiance qu'il inspirait, il obtenait des arrangements faits à l'amiable et à la satisfaction des deux partis.

M. Habrard ne s'occupait que de la mensuration et de la comptabilité dont M. Champion l'avait chargé. Lors du partage, M. Habrard n'avait pas encore rendu ses comptes de Saint-Donat, parceque, disait-il, le compte d'impôt n'était pas terminé avec les acquéreurs. Il fut convenu verbalement que celui qui aurait le lot de Saint-Donat serait chargé de faire les réglements des propriétés de M. Bodin et de tenir compte à M. Bonnet du 2 0/0 pour sa commission sur la revente du lot. Il fut convenu avec M. Bodin qu'on le payerait en partie en espèces, et que pour le surplus il accepterait les acquéreurs pour solde, MM. Champion et Habrard restant responsables.

Ce ne fut que 6 mois après que M. Champion eut l'occasion de demander à M. Habrard s'il avait terminé le réglement définitif de Saint-Donat. M. Habrard répondit qu'il avait fait plusieurs fois le voyage de Saint-Donat. mais que ne voulant pas découcher, il n'avait eu que peu de temps à lui. Il ajouta qu'il s'en occuperait le plus possible.

En 1862, MM. de Loche et Champel se décidant à vendre une partie de leurs propriétés, prièrent M. Champion de vouloir bien se charger de cette vente. Ce dernier, quoiqu'il n'eût jamais voulu faire des opérations de ce genre, consentit, pour leur être agréable, à s'en charger, et la vente se fit à la satisfaction de ces messieurs. Quoique M. Champion fut seul fondé de pouvoirs, il voulut bien, par délicatesse, partager avec M. Habrard les bénéfices de cette opération.

Le partage avait eu lieu le 1er janvier 1861. En 1866 M. Habrard n'avait pas encore rendu ses comptes. Il prétendait qu'il fallait attendre qu'une grande partie des acquéreurs de Saint-Donat eussent passé leurs actes pour éviter les changements à faire pour le compte de chaque acquéreur dans la note des impôts qu'ils devaient.

En 1866, M. Bonnet écrivit à M. Champion qu'il désirait régler définitivement les honoraires qu'on lui avait promis pour son concours dans la revente des propriétés acquises à Saint-Donat. M. Champion répondit qu'il croyait que M. Habrard s'était depuis longtemps acquitté envers lui. M. Bonnet avait aussi écrit à M. Cluze, notaire, en lui envoyant la liste des acquéreurs, avec l'indication de ce qu'ils devaient, ainsi que les recettes fournies par les récoltes. Il en résultait un *boni* de 45 mille fr. dont il fallait seulement déduire les frais de vente des immeubles.

Quelques jours après, une seconde lettre de M. Bonnet prévenait M. Champion que M. Habrard consentait bien à payer la moitié de la somme qui, de 5,800 fr. était réduite à 2,800, 3,000 fr. étant donnés déjà à-compte. Dans cette somme était compris le 2 0/0 promis à M. Bonnet pour le cas où les ventes seraient avantageuses. Des 2,800 fr., restés dus à M. Bonnet, M. Champion ne devait qu'une partie, vu qu'il avait été convenu verbalement que celui qui aurait le lot de Saint-Donat payerait seul la commission de revente de ce lot. M. Habrard offrait de payer 1,400 fr. pour sa moitié, et même la moitié de M. Champion, mais à condition que ce dernier approuverait le compte de M. Bonnet.

On se rendit à un jour convenu chez M. Cluze

pour terminer ce réglement. M. Champion amena M. Foux, juge de paix de Tournon son parent, pour assister à l'entrevue. Sur les propositions de MM. Habrard et Bonnet, propositions combattues par M. Champion, il n'y eut pas moyen de s'entendre. M. Foux, par délicatesse, ne voyant aucune preuve écrite, ne voulut donner aucun avis. Il fut fait une autre proposition qui rendait encore M. Champion victime pour quelques centaines de francs. Ce dernier accepta cependant, afin de pouvoir terminer le plus tôt possible les autres affaires qu'il avait avec M. Habrard.

Après être sortis, M. Foux dit à M. Champion : *Débarrassez-vous le plus vite de M. Habrard*, C'EST UN HOMME TROP RUSÉ POUR VOUS. M. Champion répondit qu'il le désirait depuis plus de 6 ans, qu'il était lié, mais qu'il espérait qu'avec le temps il s'en délivrerait. Le lendemain M. Champion alla voir M. Cluze et lui dit que le traité qu'il avait fait la veille avec M. Habrard l'avait contrarié, non pour les quelques cents francs qu'il payait injustement, mais à cause des procédés de M. Habrard. M. Cluze lui dit : *Par ma position, je n'ai rien pu dire, mais après votre départ je leur ai fait la morale et leur ai dit ce que j'avais à leur dire.* M. Champion désirerait que le tribunal entendit ces paroles de la bouche même de M. Cluze.

Quant à l'étrenne exigée par M. Bonnet, M. Champion aurait désiré attendre le réglement de M. Habrard pour connaître les bénéfices; mais M. Bonnet lui certifiant que d'après la note remise à M. Cluze les bénéfices s'élevaient à 45 mille francs, sur cette garantie, M. Champion adhéra au compte de M. Bonnet. Quelques jours après M. Bonnet aurait déclaré qu'il regrettait beaucoup d'avoir eu des difficultés avec M. Champion, mais qu'il ignorait que M. Habrard fût seul chargé de lui tenir compte des 800 fr. provenant de la revente des lots non vendus, d'après la convention verbale faite lors du partage entre M M. Champion et Habrard, en l'absence de M. Bonnet.

De 1866 à 1868 M. Habrard ne voulut terminer aucun compte, prétextant tantôt les vers à soie, tantôt les vendanges, tantôt d'autres raisons encore moins valables. Comme M. Champion avait vendu une partie de ses propriétés, il donnait de l'argent à M. Habrard pour payer les dettes de la Société ; ce dernier lui faisait des billets conformes à un modèle donné par M. Cluze. M. Habrard devait par billets à M. Champion 22,000 mille fr. Comme ce dernier devait toucher de l'argent, il fit la proposition suivante à M. Cluze : « M. Habrard me doit 22,000 fr., il en doit 9,000 environ à M. Ronzier, banquier à Tournon, pour son compte courant ; je me chargerai de solder ce dernier si

M. Habrard veut me remettre pour pareille somme des créances que nous avions réservées pour payer ce que doit la Société. » C'était un grand avantage pour M. Habrard qui retirait ses billets et économisait les frais de banque. Il parut pourtant contrarié de cette proposition, préférant retirer des acquéreurs et faire des billets à M. Champion pour les sommes qu'il recevait de lui. M. Champion persista et dit à M. Cluze que si M. Habrard n'acceptait pas, il ferait révoquer la procuration qu'il lui avait fait donner par M. le marquis d'Arce. Cette menace eut son effet. Huit jours après M. Habrard avait consenti .

Le 1er juin 1868 il fut fait un réglement par lequel M. Champion se chargeait de payer la créance de 9,000 fr. due à M. Ronzier. Ajoutant cette somme aux 22,000 remis par billets on arrivait en capital et intérêts à 30,874 fr. M. Habrard donna pour 25,087 fr. des créances dues par les acquéreurs. Il restait devoir 6,785 fr. qui devaient être payés soit en espèces, soit en créances, après le réglement définitif qui devait avoir lieu *dans le plus bref délai*. Il devait en outre 8,647 fr. échus n'ayant aucun rapport avec les autres créances. Quelques jours après M. Champion se rendit chez M. Cluze pour savoir si M. Habrard s'occupait de *terminer* leurs comptes. Ce dernier renvoyait de quinzaine en quinzaine en invoquant de nouveaux prétextes pour retarder. En 1869, rien encore n'était fait. Impatienté de ce retard et de cette mauvaise volonté, M. Champion dit qu'il se verrait forcé d'agir avec rigueur pour obtenir ce réglement qui aurait dû être fait depuis six ans.

Trois semaines après, M. Champion se rendit chez M. Cluze ; ce dernier lui remit un cahier de quatre feuilles donné par M. Habrard, et lui dit de l'emporter pour l'examiner. M. Champion le prit et le rapporta le lendemain en faisant l'observation qu'une partie de ce compte ne le regardait nullement, attendu que depuis le 1er janvier 1862 les impôts étaient dus par les acquéreurs et que ceux des parcelles invendues étaient à la charge de M. Habrard qui en était propriétaire d'après le partage. « Au reste, ajouta M. Champion, que M. Habrard termine son compte, je le ferai examiner par mon conseil. »

Deux mois après, M. Champion retourna chez M. Cluze pour voir si ce compte était terminé. Celui-ci le renvoya au lendemain, M. Champion revint et M. Cluze lui dit que M. Habrard n'avait pas reçu son cahier. M. Champion rappela à M. Cluze les circonstances dans lesquelles il l'avait rendu. M. Cluze répondit : « Je crois en effet que vous me l'avez rendu, je vais le chercher et l'envoyer à M. Habrard. Dans le cas où je ne le trouverais pas, il le refera. » En sortant,

M. Champion eut la pensée que c'était un nouveau moyen trouvé par M. Habrard pour retarder le réglement définitif, parce que il aurait dû payer après cela 6,785 fr., et surtout parce que par suite de ce retard, il se regardait toujours comme l'associé de M. Champion.

Un mois après, M. Champion retourna chez M. Cluze pour savoir si ce compte était enfin terminé; ce dernier dit que M. Habrard ne s'en était pas encore occupé. Fatigué d'avoir toujours la même réponse, M. Champion alla trouver M. Peala, personne honorable de Tain, lui exposa sa position, et le pria d'accepter sa procuration pour terminer cette affaire. M. Peala accepta pour être agréable à M. Champion. Ils allèrent en faire part à M. Cluze, et le chargèrent de prévenir M. Habrard d'avoir à terminer son compte le plus tôt possible.

Trois semaines après, M. Peala se présentait chez M. Cluze pour savoir si le compte était terminé. Ce dernier lui dit qu'il préviendrait M. Habrard et s'il n'était pas fait, l'engagerait à le terminer le plus tôt possible.

Un mois après, M. Peala fut chez M. Cluze qui lui dit que M. Habrard ne s'en était pas occupé voulant trouver auparavant son cahier pour quelques notes dont il ne se rappelait pas.

Trois semaines plus tard nouvelle visite de

M. Peala chez M. Cluze, qui lui dit que M. Habrard aurait bientôt terminé son compte, mais se plaignait de ce que Mme Champion aurait, dans une maison, tenu des propos nuisant à sa réputation. M. Peala, qui savait à quoi s'en tenir sur ce point, regarda cette réponse comme un prétexte pour retarder le réglement. Il alla chez M. Champion et lui dit que ne pouvant rien obtenir de M. Habrard, il faudrait en venir à des mesures de rigueur.

M. Champion se rendit le jour même à Blanchelaine chez M. le marquis d'Arce, pour lui faire part de ses intentions envers M. Habrard dont le marquis connaissait la conduite. Pour faire plaisir à M. Champion, M. d'Arce lui promit d'aller le lendemain chez M. Cluze pour qu'il prévienne M. Habrard d'avoir à terminer son compte s'il voulait éviter un procès, M Champion étant décidé d'en venir là. Il ajouta que les propos attribués par M. Habrard à Mme Champion n'existait pas, cette dernière n'ayant jamais parlé de l'associé de son mari qu'avec Mme Habrard, sa parente, belle-sœur de M. Habrard, et qu'elles s'étaient toujours trouvées du même avis sur ce sujet.

Un mois après, M. d'Arce eut la bonté de retourner chez M. Cluze et reçut toujours la même réponse négative. M. d'Arce vint trouver M. Champion pour lui faire part de son insuccès et lui dire qu'il serait forcé d'en venir à un procès.

Quant au cahier, **M.** Champion certifie l'avoir remis à **M.** Cluze et croit que ce dernier l'a rendu à **M.** Habrard qui nie l'avoir reçu pour gagner du temps. **M.** Champion fera toutes les démarches possibles pour obtenir des tribunaux la comparition de **M.** Cluze qui témoignera de ce fait.

Fatigué et indigné de la mauvaise volonté de **M.** Habrard, **M.** Champion consulta son conseil qui lui donna un modèle de sommation à envoyer par huissier pour réclamer ce qui lui était dû d'après les réglements de comptes échus et déposés chez **M.** Cluze. Par égard pour la famille Habrard, **M.** Champion, avant d'envoyer cette sommation, la communiqua à **M.** Habrard, huissier, frère de son ancien associé. Fâché de la conduite de son frère envers **M.** Champion, **M.** Habrard, huissier, pria ce dernier d'attendre qu'il lui eût parlé. Le même jour il vint dire que son frère était disposé à rendre ses comptes dans une quinzaine. **M.** Champion ne voulant plus rien avoir affaire avec **M** Habrard, lui dit qu'il passerait sa procuration à **M.** Laman, notaire à Saint-Donat, et qu'il aurait à s'adresser à lui lorsque les comptes seraient terminés.

Huit jours après **M.** Habrard se rendit à Saint-Donat pour y prendre des notes pour son réglement de comptes. Il a à la voir **M.** Laman qui lui dit être nanti de la procuration de **M.** Champion, mais que comme il partait le lendemain pour un voyage de trois semaines, ce ne serait qu'à son retour qu'on examinerait les comptes. A son retour, les bruits de guerre empêchèrent M. Laman de s'en occuper.

M. Champion se rendit un jour chez M. Cluze pour signer un réglement de comptes fait par M. Habrard. Lorsqu'il l'eut examiné, il déclara qu'il ne le signerait qu'après la radiation de trois lignes qu'il indiquait. « Voyez, dit-il, si je ne suis pas dans mon droit. » M. Cluze le reconnaissant, raya, en l'absence de M. Habrard, les trois lignes en question, et M. Champion signa. Ce compte est resté tel quel en dépôt chez M. Cluze. M. Champion fut si indigné de voir un compte fait avec tant de ruse contre ses intérêts, qu'il ne put s'empêcher de dire à M. Cluze : « M. Habrard devrait savoir pourtant que la ruse et la friponnerie sont deux sœurs » M. Cluze était alors seul avec ses clercs qui avaient souvent été témoins des difficultés qui avaient eu lieu pour le réglement d'autres comptes.

En novembre dernier, M. Champion, rencontrant M. Cluze, lui dit que comme M. Laman allait être nommé notaire à Valence, il fallait profiter du moment où il était encore libre pour régler le compte de Saint-Donat. On résolut d'écrire à M. Laman pour lui demander le jour où il pourrait se rendre à Tain chez M. Cluze, et de prévenir M. Habrard de cette réunion.

Ce jour-là M. Laman demanda les livres de comptes de M. Habrard, qui répondit qu'il lui manquait encore quelques notes, qu'il irait à Saint Donat pour les avoir et que, dans quelques jours, tout serait terminé.

M. Bodin avait écrit quelques mois avant à M. Habrard pour lui dire qu'il avait besoin de le voir afin de s'entendre sur les acquéreurs qui ne pouvaient payer les sommes échues. M. Habrard fit une réponse peu polie, même grossière ; cela fut rapporté à M. Champion qui, prévoyant que M. Habrard irait à Saint-Donat et n'oserait se présenter chez M. Bodin, dit à M. Cluze qu'il l'accompagnerait à Saint-Donat. Ce voyage eut lieu au mois de décembre dernier. Ces messieurs se présentèrent chez M. Bodin, et vérifièrent le compte des acquéreurs en retard. Deux créances paraissant douteuses, s'élevant à environ 2,400 fr., devaient être reprises par eux en échange de pareille somme à remettre à M. Bodin. Pour ne pas manquer le courrier, ils furent obligés de renvoyer ce réglement que M. Habrard se chargea de faire à Tain et d'envoyer signé à M. Bodin.

Huit jours après, MM. Champion et Habrard se trouvaient chez M. Cluze pour passer un acte d'un acquéreur de M. Habrard, M. Champion ayant un à-compte de 2,200 fr. de cet acquéreur, désirait garder cette somme en à-compte sur ce que lui devait M. Habrard. Ce dernier ne voulut pas, disant qu'il ne le payerait qu'après le réglement définitif de leurs comptes. M. Cluze présenta en même temps, devant M. Habrard, le réglement qu'il avait fait pour M. Bodin. Comme M. Laman avait dit de ne rien signer sans lui, M. Champion pria M. Cluze de lui donner un double de ce réglement pour le montrer à son conseil ; cela parut contrarier M. Habrard, qui dit que M. Bodin attendait ce compte avec impatience M. Champion se trouva très-heureux de n'avoir pas signé, attendu que cette signature l'aurait compromis pour le compte à régler avec M. Habrard.

M. Champion se voyant forcé d'agir pour sortir de cette position fit passer par M. Chirouze, huissier à Tain, une sommation à M. Habrard d'avoir à lui payer dans huit jours la somme de 8,927 fr. échue depuis le 31 mai 1868, d'après le réglement déposé chez M. Cluze. De plus, M. Champion se réservait de réclamer, quand il lui plairait, le payement d'une autre somme de 7,260 fr., échue depuis le 1er novembre 1,868 terme d'un autre réglement en dépôt chez M. Cluze, se réservant encore tout ce qui peut lui être dû sur tous les autres réglements à faire.

Bien entendu que si M. Champion a envoyé une sommation à M. Habrard, ce n'était que pour décider ce dernier à lui faire cession des créances des acquéreurs de St-Jemme qui redevaient à M. Habrard, jusqu'à concurrence de la somme indiquée sur la sommation: et pour que ce dernier ne pût le nier, M. Champion fit porter par M. Chirouze, huissier, une déclaration qui fut déposée chez M. Cluze, chargé d'en faire part à M. Habrard. Cette déclaration disait que M. Champion se déclarait libéré des 8,927 fr. portés sur la sommation, si M. Habrard lui faisait cession, sur les acquéreurs de St-Jeume qu'il nommait, des créances pour pareille somme.

En ce qui concerne M. Cluze, notaire, on peut lui reprocher d'avoir manqué de courage et de fermeté, et d'avoir trop ménagé M. Habrard. Il est probable qu'il n'y aurait jamais eu matière à procès s'il n'avait pas craint, en se montrant énergique, de mécontenter son client.

Remarquons en terminant, que lors du partage qui eut lieu le 1er janvier 1862, M. Habrard ne fit figurer que 19,400 fr. de bénéfices, disant que le compte n'était pas encore achevé et que l'on partagerait plus tard le surplus. Depuis cette époque, M. Habrard n'a pas encore trouvé le temps de terminer ce compte. Cependant la note de M. Bonnet, déposée chez M. Cluze, porte le bénéfice à 45,000 fr. dont on a payé la commission, ce chiffre étant certifié exact par M. Bonnet. Il n'y aurait à déduire de cette somme que de menus frais occasionnés par la vente des propriétes. M. Champion n'a pu connaître jusqu'à ce jour son bénéfice dans cette opération.

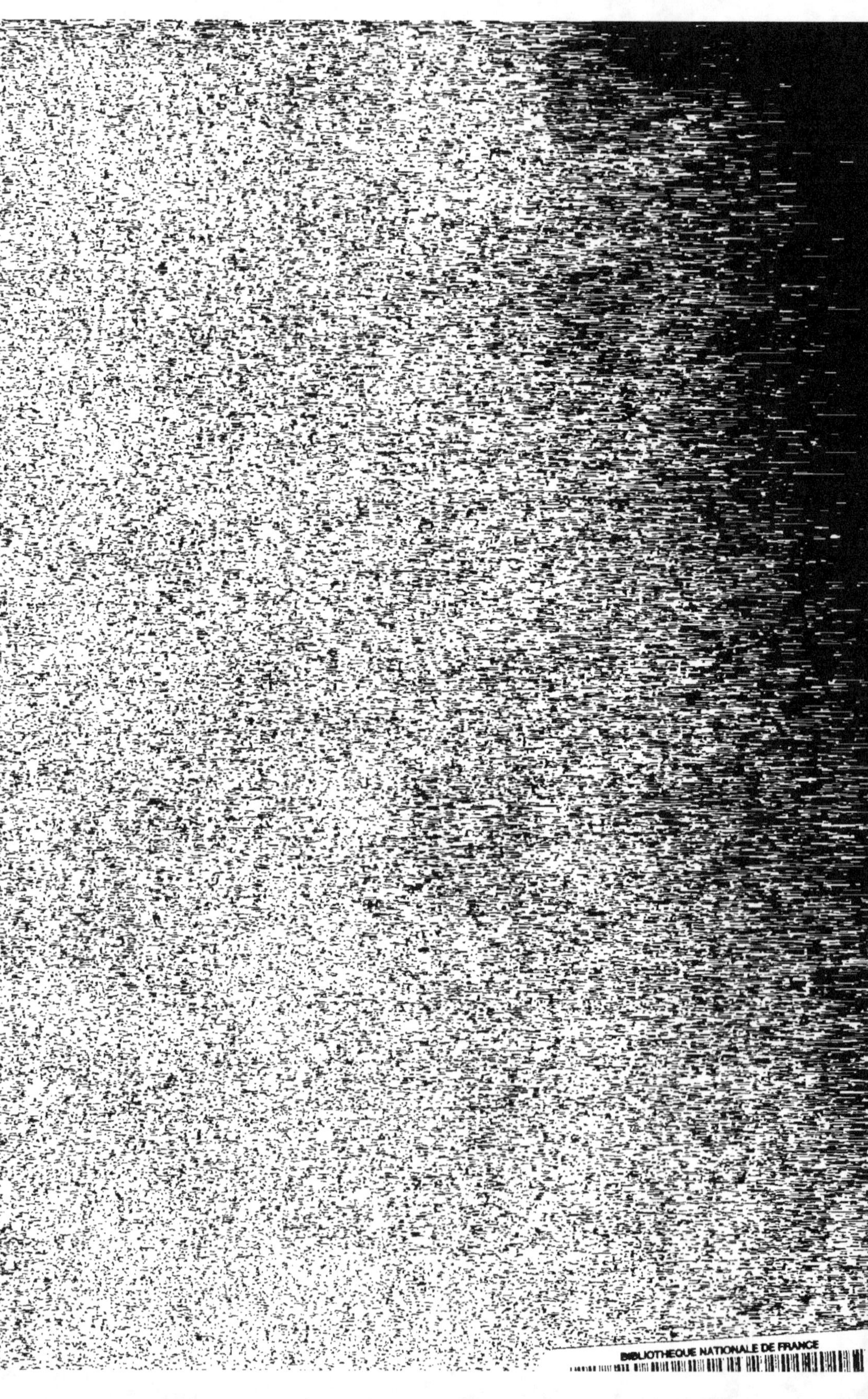